Dieses Buch gehört

Liebe Eltern,

wir wollen Ihr Kind beim Lesenlernen unterstützen, und zwar mit spannenden und lustigen Geschichten.

Unsere Bücher mit der liebenswerten Bildermaus begleiten Ihren Sohn oder Ihre Tochter durch die Vorschule. Sie enthalten kurze Geschichten mit einfachen Sätzen sowie großer und leicht lesbarer Schrift. Hauptwörter werden durch kleine Bilder ersetzt. Lesen Sie die Geschichten vor und lassen Sie Ihr Kind die Bilder selbst benennen. Am Ende finden Sie eine Bild-Wörterliste mit den einzelnen Bedeutungen. Viele bunte Illustrationen sorgen außerdem für Lesepausen und helfen, die Geschichte zu verstehen.

So wird der Spaß am Lesen geweckt, und Ihr Kind wird ganz nebenbei von der Bildermaus zum echten Leselöwen!

Ihre

Bildermaus

Annette Moser

Die kleine Eule sucht ihr Zuhause

Illustriert von Elke Broska

www.bildermaus.de

ISBN 978-3-7432-0134-7
1. Auflage 2019
© 2019 Loewe Verlag GmbH, Bindlach
Umschlag- und Innenillustrationen: Elke Broska
Umschlaggestaltung: Ramona Karl
Vignetten Bildermaus: Angelika Stubner
Reihenlogo nach einem Entwurf von Angelika Stubner
Printed in EU

www.loewe-verlag.de

Inhalt

Wo bin ich? 8

Neue Freunde 16

Endlich zu Hause 31

Wo bin ich?

Elsa, die kleine 🦉, sitzt ratlos auf einem 🪵. „Wo ist nur der  zurück zu meiner  und meiner gemütlichen ?", grübelt sie. Elsa blinzelt mit ihren großen gelben 👀. Der 🌲🌲 sieht ganz anders aus, wenn es hell ist.

Eigentlich flattert die kleine  am liebsten zwischen den  umher, solange es dunkel ist. Aber heute war sie unachtsam. Die kleine  hatte ⭐ gezählt und gar nicht bemerkt, dass die  aufging.

„Ich könnte aus den  fahren!",

schimpft sie leise. „Nanu, wer bist

du denn?", fragt plötzlich jemand.

Die kleine  erschrickt. Sie

ist meistens allein und etwas

schüchtern und ängstlich.

Ein  steht vor ihr und balanciert einen  auf seiner .

Zaghaft öffnet Elsa den . „Ich bin  Elsa", antwortet sie leise.

„Ich habe dich hier im  noch nie gesehen", sagt das .

„Warum guckst du denn so traurig?" Elsa überlegt. Das  hat liebe braune . Ob sie ihm trauen kann? „Nun komm schon", sagt das  .

„Ich bin schließlich kein !"

Elsa muss lachen. „Ich wollte

eigentlich vor  heim",

erklärt sie mutig. „Aber dann habe

ich mich verirrt."

Das  wackelt mit den .

„Ich kenn mich hier gut aus",

erwidert es. „Beschreibe mir doch

mal dein !" Zu viel will die

kleine  lieber nicht verraten.

Sie überlegt.

„Wie ein großes , in das man hineinschlüpfen kann", sagt die kleine  schließlich. Das  nickt. „Komm mit. Ich glaube, ich weiß, wo das ist!"

Neue Freunde

Die kleine 🦉 breitet ihre 🦉 aus und folgt dem 🦌. Sie überqueren eine 🌿 mit vielen bunten 🌸. „Hübsch ist es hier", denkt Elsa. „Aber ob das wirklich der richtige 🛤️ ist?" Auf einmal spitzt sie die 👂.

„Was ist das?", fragt sie erstaunt.

Das  hält vor einem .

„Seltsam", findet die kleine ,

„das sieht ja wirklich aus wie ein

großes ." Viele  summen

und schwirren ein und aus.

„Oh, aber es ist schon besetzt",

sagt das . Elsa schüttelt

den . „Das ist nicht mein ",

erklärt sie. „Bei mir ist es viel

leiser." Eine kleine  setzt sich

vor Elsas .

„Bsss, du suchst ein , in dem es schön ruhig ist?", summt sie.

„Dann komm mit!" Die kleine  folgt der  und auch das  hüpft hinterher. Elsa ist jetzt schon viel weniger ängstlich.

Schließlich landet die   vor einer . Elsa schaut den  empor. Ihre  kann sie nicht entdecken. Dafür aber ein   unten zwischen den dicken 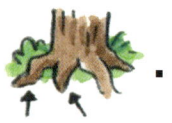.

Die  schwirrt aufgeregt davor hin und her. „Bsss, ist es vielleicht hier?", fragt sie. Da muss das  lachen. „Nein, in der  wohnt doch der ." Schon taucht schnüffelnd eine lange rote  auf.

„Nanu", sagt der  und schlüpft ganz hervor. „Was wollt ihr denn hier?" Neugierig beugt sich die kleine  nach vorne und lugt mit einem  in die . „Ich suche mein ", antwortet sie.

„Aber bei mir sieht es ganz anders aus. Es ist luftiger und windet sich nicht in die 🌑 wie ein langer 🪱."

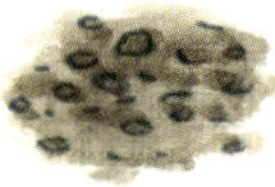

Der 🦊 kichert. „Dann versuch es mal nebenan." Er rennt los.

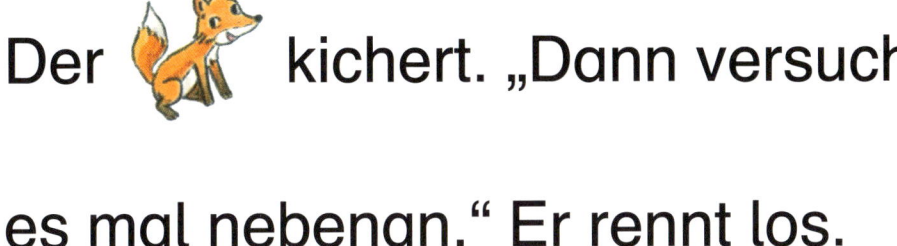

Die kleine , das  und die  folgen ihm. „Wie grün das  ist", wundert sich Elsa.

„Und wie hübsch die roten  in der   leuchten!"

Der   bleibt vor einem großen   stehen. Darin ist wieder eine  – diesmal eine sehr große. „Zu wem gehören die riesigen ?", fragt die kleine  unsicher. „Zu mir", brummt es aus dem .

Ein großer  tapst hervor.

„Ach, du bist es!", ruft der .

„Ich wusste gar nicht, dass du hier wohnst!" Der  winkt ihnen mit seiner  zu. „Was sucht ihr hier?", will er wissen. Der  deutet auf Elsa. „Das  von  Elsa", erklärt er. „Es sieht aus wie ein ", ergänzt das .

„Bsss, und es ist sehr still dort", summt die . „Hm, so, so", brummt der . „Aber ... ist eine  denn nicht so etwas wie ein ✦ ?", fragt er.

„Immerhin hat sie , einen

und kann fliegen. Und  leben

normalerweise in einem ."

Die anderen schauen sich an.

„Stimmt, na klar!", rufen sie.

Nur Elsa nicht. Die kleine  beobachtet einen bunten , der auf einem  sitzt. Sie blickt erst auf, als die anderen rufen:

„Los, Elsa, wir fragen die !"

Endlich zu Hause

Die  weiß leider auch nicht,

wo die kleine  wohnt. „Ich kenne

kein , das aussieht wie ein ",

zwitschert sie. „Ich lege nur ,

um sie auszubrüten!" Da knackt

etwas über ihnen. „Autsch!", ruft

die kleine .

Eine  hat ihren  getroffen.

„Tut mir leid!", sagt ein . Es klettert flink den  hinunter.

„Ich habe euch belauscht", sagt es. „Kann es sein, dass du in einem  wohnst, kleine ?

So wie ich?" Elsa flattert hoch

zum  des  und kehrt

enttäuscht zurück. „Nein", piepst

sie und wird nun wieder traurig.

Sogar ein paar  kullern ihr aus

den 👀.

„Was, wenn ich nie wieder heimfinde? Der 🌲 ist so groß!", denkt sie. „Schaut, die ☀️ verschwindet schon", sagt das 🦌. „Bsss, bald ist es stockdunkel", meint die 🐝.

„Wir sollten lieber umkehren", brummt der . „Lasst uns morgen weitersuchen", murmelt der .

Aber da wischt die kleine  schnell ihre  weg. Ihre  werden größer und größer.

Aufmerksam schaut sie sich im  um. Jetzt, wo es dämmert, kennt sie sich auf einmal wieder aus.

„Da!", ruft sie und flattert aufgeregt mit den  . „Gleich dahinten ist meine ! Seht ihr meine schöne ? Juhuuu, mein  schuhuuu, ich bin daheim!"

Das 🦌, die 🐝, der 🦊, der 🐻, die 🐦 und das 🐿️ starren Elsa erstaunt an. Sie selbst kennen sich hier kaum aus und fürchten sich ein bisschen.

Die kleine  kichert. „Kommt, ich bring euch heim", sagt sie und führt alle sicher durch den . Dann flattert sie endlich in ihre .

Zufrieden blickt Elsa hinauf zum  und zu den .

Sie ist glücklich, wieder daheim zu sein. Aber es war auch schön, den 🌲 ganz neu zu entdecken. Und bestimmt wird die kleine 🦉 bald alle besuchen, die ihr heute so lieb geholfen haben.

Die Wörter zu den Bildern:

 Eule

 Sterne

 Baumstumpf

 Sonne

 Weg

 Federn

 Tanne

 Rehkitz

 Baumhöhle

 Tannenzapfen

 Augen

 Nase

 Wald

 Schnabel

 Bäume

 Monster

 Sonnenaufgang
 Kopf
 Ohren
 Füße
 Haus
 Baumstamm
 Ei
 Loch
 Flügel
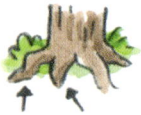 Wurzeln
 Wiese
 Höhle
 Blumen
 Fuchs
 Bienenstock
 Schnauze
 Bienen
 Erde

 Regenwurm
 Schmetterling

 Gras
 Fliegenpilz

 Erdbeeren
 Amsel

 Felsen
 Eichel

 Fußspuren
 Eichhörnchen

 Bär
 Kobel

 Tatze
 Tränen

 Vogel
 Mond

 Nest

Annette Moser wurde 1978 in Hamburg geboren und arbeitete nach ihrem Studium mehrere Jahre als Lektorin in einem Kinder- und Jugendbuchverlag. Heute lebt sie mit ihrer Familie in Landshut und schreibt leidenschaftlich gern Kinderbücher.

Elke Broska, geb. 1980, studierte Grafik- und Kommunikationsdesign an den Fachhochschulen in Bielefeld und Mainz mit den Schwerpunkten Illustration und Buchgestaltung. Seit 2007 ist sie als freie Illustratorin für zahlreiche Verlage tätig. Sie lebt und arbeitet in Wiesbaden.

Noch mehr Lesespaß!

ISBN 978-3-7855-8961-8

ISBN 978-3-7432-0135-4

ISBN 978-3-7432-0132-3

ISBN 978-3-7432-0143-9